Lee Jung-Do

시인 이중도

새벽시장

이중도 시집

새벽시장

시학
Poetics

■ 시인의 말

식은 재 아래 숨어 있던 불씨 몇 찾아내
동백꽃 다시 피워 준 것은
차디찬 바람이었다.

다시 피어오른 잉걸에 터 잡아
한 십 년 연록軟綠의 세월을 살고 싶다.

2014년 1월 통영에서
이중도

차 례

- 시인의 말
- 작품 해설 | 송기한

제1부 이 땅의 아버지들

불쌍하도다 15
흘러가는 물이여 16
발채 18
바닷가 20
한창 푸르렀던 시절에는 22
매미가 운다 24
이 땅의 아버지들 · 1 26
이 땅의 아버지들 · 2 28
이 땅의 아버지들 · 3 30
이 땅의 아버지들 · 4 32
이 땅의 아버지들 · 5 33
이 땅의 아버지들 · 6 34
이 땅의 아버지들 · 7 36
이 땅의 아버지들 · 8 38
이 땅의 아버지들 · 9 39
이 땅의 아버지들 · 10 40
이 땅의 아버지들 · 11 41

이 땅의 아버지들·12　42
이 땅의 아버지들·13　43
이 땅의 아버지들·14　44
바벨탑　45
피 감옥　46
그리운 마초들　48
텃밭에서　50
흙길 하나로　52
손님　54
새벽시장　56

제2부 남쪽에서 놀다

남쪽에서 놀다 · 1　　61
남쪽에서 놀다 · 2　　62
남쪽에서 놀다 · 3　　63
남쪽에서 놀다 · 4　　64
남쪽에서 놀다 · 5　　65
남쪽에서 놀다 · 6　　66
남쪽에서 놀다 · 7　　67
남쪽에서 놀다 · 8　　68
남쪽에서 놀다 · 9　　69
남쪽에서 놀다 · 10　　70
남쪽에서 놀다 · 11　　72
남쪽에서 놀다 · 12　　73
푸른 문장이여　　74
아침 숲에서　　76
삼월　　78
다시 태초로　　79
아침 새소리　　80

풍경 · 1	81
설악산 천불동 단풍으로 끓어야	82
풍경 · 2	83
태풍 · 1	84
새해에는	85
그리운 바보들	86
소유하고 싶어라	88
그대 지금 사랑하고 있는가?	90
그 아침들이 돌아왔다	92
자화상	94
동백꽃	95
시차가 없다	96
그리운 것은	98
시골길	99
태풍 · 2	100
물들인다, 코발트블루	102

제1부
이 땅의 아버지들

불쌍하도다

밤새도록 장대비에 두들겨 맞고도
빗방울 툴툴 털어 내고 일어나 있는 풀잎들
푸르고 무심한 얼굴들 보니
불쌍하도다 사람 마음
등산이니 배드민턴이니
수련이니 도道니 하는 약
마구 처먹어야 겨우 지탱해 나가는
사람 마음 불쌍하도다
그렇게 처먹어도
겨울잠 막 깨고 나온 뱀처럼 비실거리는
사람 마음
하늘과 통한다는 그 마음
불쌍하도다

흘러가는 물이여

구름은 집이 없다
집이 없으니 살붙이가 어디 있으랴
제 마음이 제 집이요 제 마음이 제 길이다
그렇다고, 구름이 금욕주의자는 아니다
뭉쳐진 시커먼 욕망은 사흘 낮밤
드러누운 산의 곡선과 뒹굴기도 한다
다만 뒹굴기만 할 뿐 산의 젖무덤 사이에
바위로 내려앉지는 않는다
운우지정에 핏발 세운 시간이
구름의 마음에 청태靑苔를 남기지도 않는다
바람이 부르면 이른 새벽달 훤히 밝혀 들고
난만한 풀벌레 울음 맨발로 밟고
휘적휘적 떠나 버린다

마음 한 올 흘려 놓지 않은 빈 하늘이여
눅눅한 움막 살붙이에 너덜너덜해진
마음의 이파리들 누추하구나

누추하구나, 땅에 배 비비며 흘러가는 길이여
살붙이 정붙이 품고 가는 길이여
어중이떠중이들 뿌리까지 챙기는 길이여
살 뜯기고 피 빨리며 젖은 노래로 기어가다
마른 모래 한 줌 뼈로 남기고 사라질 길이여

발채

고향을 생각하면 지게가 떠오른다
고향 어른들의 등에는 지게가 붙어 있었고
지게에는 늘 발채가 얹혀 있었다

발채는 차별을 몰랐다
고구마 감자 같은 것들이 수북이 담겨 오기도 했고
산에서 파낸 그루터기들이 땔감으로 실려 오기도 했다
논밭에 내는 거름이 발채의 체취를 만들었고
길 잃고 돌아다니는 강아지나 고양이 새끼가 있으면
담겨 와 호적에 올려졌다
막걸리 한 잔에 신이 나면 아이들도 무임승차시켰고
아이들은 진달래를 흔들며 카퍼레이드를 하곤 했다

귀갑 같기도 하고 곱사등 같기도 한 지게가
고향 아버지들의 운명이었다면
밥과 연민과 신명을 싣고 다니던 발채는
그들의 가슴이었다

늘 가팔랐던 그때 그 길
그늘 한 자락 없는 언덕길을
산을 지고 올라가던 마사이족 굵은 뼈들의
울타리 없는 가슴이었다

바닷가

바닷가엔 고둥이 버리고 떠난 폐가들
먼 나라에서 밀려온 여인은 눈알 빠진 채 늘어져 있고
대열에서 이탈한 부표 몇
술집에 처박혀 제 피 마시는 세월
곁에 늑골만 남은 목선 바람에 삭는다
목선의 반생을 기슭에 못 박은 굵은 못들도
바람에 삭는다

삭아 가는 귓바퀴 속에서 이명으로 출렁거리는 파도
소라 껍데기를 기름진 살로 가득 채우고
감성돔에게 눈부신 갑옷을 입혀 주던 파도
푸르고 눈먼 근육으로 젊음을 무동 태우던 파도는
수평선이 끌고 가 버렸다

수평선이 끌고 간 사람의 것들은
다시 돌아오지 않는다
다시 돌아오지 않는 것들
이명으로 출렁대는 마른 바닷가엔

날선 혓바닥들 만발하고
어느 인생을 적분積分한 캄캄한 바위 하나
홀로 웅크리고 있다

한창 푸르렀던 시절에는

한창 푸르렀던 시절에는
홀로 휘적휘적 걸어가는 발걸음이 되고 싶었다
진창 밟아도 발자국 남기지 않는 선사禪師의 목소리가
늘 귀에 발자국을 남겼고
아프리카에서 독신으로 흘리는 땀들이
밤하늘 별 무리로 맺혀 있다가 이른 새벽
더운 눈물로 풀어지곤 했다
한창 푸르렀던 시절에는
사람의 집들을 성냥갑으로 만드는 산정이
외로운 길의 소매를 끌어당겼다
저물녘에는 밑도 끝도 그림자도 없는 바람이
술상을 차렸다

집은 번뇌를 키우는 태胎이기에
살에 몸이 닿지 않은 불이고 싶었다
동정童貞의 불이 추는 깨끗한 춤이고 싶었다

한창 푸르렀던 그 시절에는
목마른 강물이 마음 바닥을 기어가는 줄도 몰랐다
인생을 나룻배로 가두고 이리저리 데리고 가는 강물이
세상모르고 흘러온 강물 하나 만나
눈멀고 귀먹어 집 한 채 지을 줄은
정말 몰랐다

매미가 운다

매미가 운다 울음은
촌음에 아름드리 소나무 하나를 베어 버린다
잣나무 히말라야시다 모두 쓰러진다
고라니의 예민한 잠도 멧돼지의 둔탁한 잠도
모두 토막 나 뒹군다 울음의 맹목은
어느새 해일로 숲을 덮는다

한 시대를 끝장낸 풀들의 울음이 저러했을까
그 풀들의 눈 속에 가득 찬 것이 한이었다면
매미의 배 속에 가득 찬 것은 무엇일까
무엇이기에 매미의 배를 쥐어짜
끝없는 울음으로 터져 나오는 것일까
업일까
배 속에 가득 찬 것이 매미의 업이라면
울음은 해탈로 통하는 길일까
하여, 더 쥐어짤 울음 없어 벗어 놓고 간 껍질에는
무게 한 톨 없는 것일까

고해라 못 박힌 세상이지만
미물도 제 숨구멍 하나쯤 갖고 오는 땅
울음도 해탈도 없는 사람 하나
매미 소리에 넋 잃고 흙길을 걸어간다

이 땅의 아버지들 · 1

벚나무 그늘 아래 한나절만 누워 있어도
절로 풀어질 것들
저녁마다 소주로 풀다 보니
만추의 낙엽처럼 쌓인 외상값
그래도 기죽지 않는 그대의 혀는
오늘도 백두산 장백폭포
이 땅의 정치를 휘젓고
이 땅의 비린 역사를 철퇴로 내리찍는
장쾌한 물줄기
대국의 미래를 예언하고
아메리카에 새 지도자를 세우는
반론을 불허하는 현자
그러나 거미줄 눈곱 낀 형광등 아래
세 시간의 천하일 뿐
눈 부라리는 그대 마누라 앞에서
다시 세 치로 돌아가야 하느니
해 떠오르면
아래 새로운 것 하나 거느리지 않는

누런 해 떠오르면
다시 유배 떠나야 하느니
다산 눌러살던 강진쯤으로
떠나야 하느니

이 땅의 아버지들 · 2

배 위에서 반평생을 보냈다는
그대 무명씨

그 유서 깊은
파나마운하도
생선 몇 마리에 백옥의 여인이 몸을 팔던
쇠똥으로 덥힌 방 안에서 몸을 팔던
러시아도
떠돌이 얼음에 갇혀 열흘 동안 소주로 장을 세척했던
먼 북쪽 바다도
모두 손안에 쥐고 있는
그대 무명씨

오십 넘어 뭍으로 끌려와
이 공사판 저 공사판 단풍 든 얼굴로 떠도는
정처 없는 나그네
무명씨 그대 고향은 어디?

어설픈 술판의 끝자락에
어설픈 노래로 불러오는
그대 고향
아직도 봄바람 보내 주는
물을 덮고 잠든 그대 고향은 어디?

이 땅의 아버지들 · 3

무쇠 수레 같은 하루 또 하루를
조막손으로 밀고 가는 그는
담배 세 갑을 피우고
자판기 커피 서른 잔을 마신다
섭생을 위해 잡아먹는 과부는
한 달에 둘

그의 자랑은
그의 위장이다
주식인 소주 간식인 막걸리
인정에 취해 마구 선 빚보증
(밟자마자 터져 버린 그 지뢰들)
재산을 다 털어 도망간 마누라
홀로 키운 새끼들의 지긋지긋한 방황
이들 모두를 소화시킨
그의 위장
그러고도 아픔이나 분노를 숙변으로 남기지 않은
위장을 소유한 그는

분명 처용이다
욥이다

허나, 생의 뿌리까지 훑고 지나간 풍상을 어찌 감추랴
까치밥만 남은 그의 이빨

하기야, 더 씹어 보고 맛보고 할 것도 없는 인생이니……

이 땅의 아버지들 · 4

저수지를 퍼마셨다
이유는 없었다
모태에서부터 술꾼인 양
그냥 퍼마셨다
이 할은 배 속에 들이부었고
팔 할은 가슴에 뚫린 구멍
허무의 무저갱無底坑 속에 들이부었다
참 많이도 들이부었다

저수지 바닥이 보였다
안주로 씹어 먹은 젊음은
이미 바닥나 있었다
아이들은 무논 미나리같이 자라는데
주머니는 텅 비었다

천하의 한량 마초 수사자인들 별수 있나
작업복 입고 나서야지

이 땅의 아버지들 · 5

살맛 나는 세월은
어디쯤에 있을까
그럭저럭 살 만한 세월은
또 어디쯤에 있을까
살아 내야 하는 세월을 등에 지고
홍해를 갈라 줄 복권
주머니에 접어 넣고
낙타처럼 걸어가는
애굽 땅

이 땅의 아버지들 · 6

바다가 오른손으로 키운 동무야
서울말 쓰는 마누라 긴 손가락으로 매어 주는
물 건너온 넥타이에 묶여 사는 공처가 놈아
잘 있느냐?

바다가 왼손으로 키운 동무야
하루 종일 차 밑에서 뒹구는
네 마음에 묻은 기름때마저 깨끗이 빨아 준다던
물 건너온 마누라 물 건너온 미소는
아직 물 건너가지 않았느냐?

바다가 팔꿈치로 키운 못난 자식은 바다에 남아
손톱이 독수리 발톱이 다 되었다
갈라지는 손등이 싫어 새끼 두고 떠난 여자
떠나지 않는 살냄새 붙들고
과부가 따라 주는 바닥없는 소주잔에 처박히는 세월뿐
잡아챌 것 아무것도 없는 인생인데 말이다

추석이 코앞이구나

일식과 안주 없는 소주만큼 멀리 떨어져 오래 못 만난 동무들아

한번 모이자

보름달보다 넉넉한 멍석 위에

한번 모이자

우리들 모두 몰래 사랑했던 덕순이 종아리처럼 허연 막걸리

철철 넘치게 따라 보자

흩어져 제 옷 입기 전 우리들 모두 벌거숭이였던 그 시절로

돌아가 보자

바다의 품에서 젖 먹던 그 시절로

돌아가 보자

이 땅의 아버지들 · 7

해야
산맥을 쪼개고 솟아오르는 너를 보고
새 역사를 갈구하던
순도 높았던 젊음도 있었구나
해야
네 입술에 타올라
남국의 푸른 바다를 헤엄치고
육덕 좋은 열대과실로 불을 끄던
당도 높았던 한때도 있었구나
그러나 지금은 중년
내리는 눈을 보고 떡가루를 떠올리는
파선된 중년
하루 벌어 하루 먹이는 아비 신세
해야
네가 밥이구나
가랑비만 뿌려도 끊어지는 일자리에
마음 젖는 이 시절
육중한 먹구름 밀어 올리는

넓적한 네 미소가
새끼들 둘러앉는 밥상이구나
목발 짚은 밥상이구나

이 땅의 아버지들 · 8

먹이를 찾아 겨울 바다에 머리 박고
두 눈 부릅뜨고 헤엄치는 청둥오리를
둘러싸고 있는 잔잔한 파문들처럼
일용할 양식을 찾아 광야를 헤매는 늙은 살들을
에워싸고 있는 근심들

물을 포도주로 바꾸시는 당신 앞에서
춥디추운 살들이 드리는 기도는
눈 시린 땀을 모아 드리는 기도는
조국도 민족도 아프리카도 아닌
조금 넉넉한 쌀밥입니다

이 땅의 아버지들 · 9

가난만 한 체가 어디 있으랴

소란스럽던 전화벨 소리
소리도 없이 걸러진다
눈치 빠른 사기꾼들은 스스로 걸러지고
눈치 없는 친구들은 머뭇거리다 걸러진다
사랑?
웬만한 사랑은 체의 구멍보다 날씬하고
장담하던 혈연도 돌아보면 없다
외상 술집 주모의 미소마저 걸러지면
인생의 즙은 모두 걸러지고

몇 톨의 자갈만 남는다

아이들의 식욕에 대한 근심과
늘어 가는 아내의 흰머리에 대한 아쉬움
밀어내지 않는 산그늘에 대한 고마움과
미련하디미련한 벗들의 따뜻함

몇 톨의 한숨만 남는다

이 땅의 아버지들 · 10

허허, 모욕 좀 받았다고 속상해하지 말게
하루치 모욕이 하루치 주량이 되면
천하장사도 못 버티네
모욕도 물과 같아서
위에서 아래로 흐르는 법일세
이놈이 자네가 좋아서 자네 주위를 맴돌겠나
더는 갈 곳이 없어서
자네 곁에 죽치고 앉아 있는 것뿐이네
갈 곳 없는 불쌍한 놈에게
술이나 한잔 권하게

이 땅의 아버지들 · 11

왜 저녁마다 소주를 마시냐고?
살려고 마신다네
하루가 좀 독한가
이놈으로 희석시키지 않으면
몸 전체가 간肝이라도 못 버틸 것 같네
자네 같은 도사야
마음 자체가 간이니
이놈이 필요 없겠지만

이 땅의 아버지들 · 12

아우야, 어느 책에 보니
물 위에 물로 쓰는 게 인생이라고 하더구나
따지고 보면 맞는 말이지
한데, 물이 물로 보이는 사람이 몇이나 되겠니
산은 산 물은 물
카랑카랑하게 외칠 정도면
온몸에 난 털이란 털 다 밀어 버리고
거시기까지 밀어 버린 사람이지
세끼 밥 먹고 사는 사람 눈에는
물이 바위로 보이는 게 정상이지
바위로 보이니
생살 짓눌러 이름 석 자 새기려고
죽기 살기로 날뛰는 거 아니겠니
그러고 보면 죽기 살기로 날뛸 힘 애당초 없는 나는
저절로 깨달은 놈이다
물이 소주로는 보이니 말이다

이 땅의 아버지들 · 13
— 길에게

몸통만 있을 뿐 머리와 꼬리가 없기에
별을 좋아하는 사람들은
네 배 속에 여의주를 심는다
네 벗인 바람에 시달린 사람들은
네 배를 갈라 텅 빈 허공을 꺼낸다
출렁거리는 발동선 위에서 반생을 보낸 이들은
네 허리를 담뱃불로 지지기도 한다

그러나 너는 구슬이 아니다
허공도 파도도 아니다

나를 업고
마누라 새끼들까지 함께 업고
여기까지 온 너는
누가 알아주지도 않는
외로운 등때기일 뿐
늦은 저녁 막걸리 한 사발이 두드려 주는
쓸쓸한 등때기일 뿐

이 땅의 아버지들 · 14

동해 바다 속에는
고래가 출렁거린다
플라스틱 항아리에 갇혀 몸부림치는 전어
은비늘 속에는
길들지 않는 파도가 출렁거린다
몇 단 열무 뒤에 쪼그리고 앉은
할머니 깊은 주름살 속에는
철없이 출렁거리다 순장殉葬된 처녀
그 처녀 아직도 숨 쉬고 있다

출렁거린다
물결 하나 일지 않는 아버지 마음
속에는
지진 같은
사랑이!

바벨탑

자본은 쉬지 않고 벽돌을 찍어 낸다
욕망은 참 열심히들 쌓는다
불멸의 육신肉神을 향하여!

피 감옥

한 방울 핏속에 일생이 갇혀 있다

핏방울로 제기 만들어
기차게 차올리고
핏방울로 굴렁쇠 만들어
기막히게 굴리고 다니는 사람들도
더러 있다 하나

퍼런 풀 마르는 계절 다가와
무처럼 선선한 바람 불어도
하늘 한 조각 베어 먹기는커녕
진창 굴러다니는 핏방울 속에 눈 감고 앉아
가수假睡 상태로 흘러가는 하루 또 하루
술 감옥보다 더 질긴
피 감옥이여

그렇다고 감방장에게 넙죽 절하고
드러누울 수도 없는 노릇이니

난감하도다
피 감옥이여

그리운 마초들

요즘 들어
옛 마초들이 그립다

밥상도 싱겁고
(싱겁게 먹어야 오래 산다고들 한다
가늘게 오래 사는 것은 큰 자랑거리다)
책상도 싱겁고
(소금 맛 나는 책은 소용없으니
돈맛 나는 책들을 읽어야 한단다
코흘리개들의 장래 희망에도 돈 냄새가 진동을 한다)
세상도 싱거운
(눈물샘이 말라 버렸으니)
요즘

밥상이든 술상이든
책상이든 세상이든
마음에 차지 않으면 집어던져 버리고
새 상 불러올리던

그 불덩어리들이
상이 요지부동이면
제 자신을 집어던지던
그 폭포수들이
무지무지하게 그립다

텃밭에서

텃밭을 일군다
어릴 적 뒹굴던 산의 몸통 늘씬한 도로에 잘려 나가고
남은 기슭에 텃밭을 일군다
삼십 년 장마의 세월 눅눅한 비에
추억은 종자마저 씻겨 나갔고
남아 있는 것은 무화과 두어 그루

키가 자라지 않았다
벌레들이 갉아 먹은 구멍 숭숭 뚫려 있다
살이 달았던 탓이리라
정 많은 마음결에 들러붙는 빚보증처럼
다디단 살에 들러붙는 벌레들
골수까지 파먹었으리라

한데, 물어뜯긴 몸
해마다 이파리 무성하고 열매 맺으니
이 초록과 붉은 피
어디에서 오는 것일까

벌레들이 뚫어 놓은 구멍보다 더 깊은 곳에 고여 있는 아늑한 밤에서 오는 것일까

그 밤하늘에는 나와 함께 올려다본 별자리 아직 또렷할까

어릴 적 어루만지던 내 손의 온기

박꽃 몇 송이로 아직 피어 있을까

흙길 하나로

낙락장송은 가진 적 없어도
내게 길은 몇 있었다

마당에서 걸어 나가 저녁 바다로 사라지던 길도 있었고
잔잔한 바다 위로 달빛이 내던 살가운 길도 있었다
메뚜기 잡아 닭 모이 주던 풀밭 길도 있었고 마을 어귀에서
초등학교 속으로 흘러들던 코스모스 길도 있었다
새끼 노루 첨벙거리며 뛰어가던 논둑길도 있었고 비 갠 아침
섬 위로 떠오르는 햇살이 밟고 오던 길도 있었다
태풍이 불면 하늘로 물기둥 솟아올랐다
참붕어 푸르게 헤엄치던 실개천은 마르는 법이 없었다

흘러가는 세월 따라 그중 몇은 사라졌고 남은 길은 아프다

아스팔트에 질식사한 것도 있고
자본이 솟아오르는 터가 된 곳도 있다
풋사랑 따라 흔들리던 코스모스는 흔적 없고 여름밤
풀밭에서 나와 서성거리던 뱀들도 사라졌다
토끼가 사라진 달의 얼굴에는 검버섯이 피고 있다

눈 부릅뜨고 굴러다니는 욕망 앞에 온전한 것 없는
세상이라
  시대에 윤간당하는 무명 저고리 같은 그 길들의 운명
  어쩌면 당연지사겠지만
  길 사라졌다고 길 따라 걸은 내 발자국들까지 사라
지지는 않아
  마음은 늘 그 발자국 이어 여기까지 걸어왔다

  하여, 낙락장송은 아니어도
  작은 새 둥지 치고 풀벌레 울음 깃들여 살 수 있는
  흙길 하나로
  나, 지금도 이어지고 있다

손님

달력 물어뜯어 마당 어질러 놓은 강아지를 혼내려다가
문득 이놈도 손님이지
천리 밖에서 태어나 산 넘고 강 건너온 귀한 손님이지
따지고 보면 색 모두 쏟고 구석에 처박힌 국화도 손님이지
칠 벗겨진 담 느릿느릿 타고 다니는 도둑고양이도 손님이지
무동 태워 달라고 떼쓰는 여섯 살 딸아이도 손님이고
머리 짧게 잘랐다고 투덜대는 아들도 손님이지
빠듯한 월급봉투에 흰머리 늘어 가는 아내야 말할 것도 없고

왕인 손님에게는 화내도 안 되고
짜증내도 안 되지 투덜거려도 안 되지
만물을 손님으로 맞고 보내는 대지처럼 엎드려야지

인생아, 슬리퍼처럼 끌고 다닌 너도

손님이었구나 미안하다

손님!
무한 허공 속을 봄기운으로 흐르다가
외로운 가지에 걸린
꽃송이들!

새벽시장

복이 지겨운 놈들아
생채기 끌어안고 뒹구는 놈들아
술만 취하면 먹물 줄줄 새는 놈들아
고구려 때나 지금이나 변함없이 한심한
'요즘' 놈들아
오너라
설탕 듬뿍 집어넣은
몸에 듬뿍 해로운
시골 커피나 서너 잔 마시자
시래기 넣고 끓인
싸구려 해장국도 두어 그릇 먹자
해무의 내장 속으로 길 트는
뱃고동 소리 들리면
세상보다 일찍 깨고
세상보다 느리게 사는 법도 배워 보자
재래식 부엌칼로 잡어 몇 마리 뚝딱 썰어 내는
칠순 할머니
굵은 주름살 골짜기마다 가득한 햇살

생존보다
운명보다
더 질긴 그 미소 앞에
큰절 한번 드리자

제2부
남쪽에서 놀다

남쪽에서 놀다 · 1

저놈
온몸에 화분을 묻히고
육덕 좋은 호박꽃 속을 휘젓고 다니는
저 건달 놈
만년의 파블로 네루다를 닮은
저놈 배 속에 가득 찬
순금의 수컷을 찍어
순간을 쏘리라
코발트블루
가없는 바다 위에

남쪽에서 놀다 · 2

새끼손가락만 한 여치를 집어 드니
혼신의 힘을 다해 살을 문다
순간
여름 숲 하나가 통째로 몸속에 들어와
서서히 잎 지우며 사라진다

남쪽에서 놀다 · 3

아, 저 혀 짧은 노래들
길섶 늘어선 철쭉들의 품속
어지러이 얽힌 소로들을
분주히 오가는 작은 새들
흙에다 갓 돌 지난 아이의 웃음을 섞어 빚었을까
퍼덕거리는 날개들이 튕겨 내는 소리에는
물기 한 점 없다
(슬픈 것은 사람의 일이고)
단단하고 빛나는 기쁨의 갑옷을 입고
장수풍뎅이 한 마리
노래 곁에 멍석을 깐다
(아픈 것도 사람의 일일 뿐이고)
멀리 수평선도
솜사탕 구름 하나 피워 올린다

남쪽에서 놀다 · 4
— 산수유 환한 봄

마음이란 마음 다 벗어

토끼가 간을 말리던

동화 속 햇살에 바람에

한 사흘 말려 다시 걸치고

알몸인 양

물 위를 걸어가리라

남쪽에서 놀다 · 5

아, 바람 한잔!
겹겹의 섬에 걸러진
청주淸酒 한잔!

취한 마음 흘러간다
꿩 새끼 한 마리 발 딛지 않은
눈밭으로
말[言] 발자국 하나 없는
선사先史로
흰 돛 달고 흘러간다

아, 저기 사라지는 마음도 있다

남쪽에서 놀다 · 6

아, 가없는 무심
제 마음에도 뿌리 두지 않는 나그네
물결의 등에는
출렁거리는 빛 덩이

남쪽에서 놀다 · 7

어질다는
공자 말씀까지 가기는
애당초부터 글렀어도
텃밭에서 불청객들 뽑아내고
밭둑 이발시키며
텃새가 되어
나그네로 살다 보니
저기
순한 소똥 냄새 같은
낡은 발동선 나가는 소리
저 소리까지는
갈 것도 같다

남쪽에서 놀다 · 8

구멍 난 풀 뜯어 먹고
굴러다니는 말
되새김질하지 않고 그냥 삼키다 보니
수탉처럼 부라리던 눈알
저절로 뽑히고
족제비 드나들 만한
구멍이 생긴 모양이다

마음이 숨을 쉰다

남쪽에서 놀다 · 9

산이
산이 되었다
시대도 벗고
남도 벗고
북도 벗고
시도 벗고
소설도 벗고
산이
산이 되었다
봄이 깃들인다
새가 운다
꽃이 핀다
민낯의 새소리
민낯의 꽃잎
민낯의 향기

민낯의 물소리에 씻기니
민낯의 마음!

남쪽에서 놀다 · 10

수도에 살 때는
놀아 보려고 악을 썼다
남쪽에 사니
저절로 놀아진다

산이 커다란 잔이다
요즘 내 혈관 속에는
팔 할이 수액이다
바다가 무변無邊한 잔이다
취하다 보면
가끔
내가 없어진다
너도 없어진다
동백 잔은
들기만 해도
마음이 숯불이 된다

놀아지니

있어진다
소유냐 존재냐
그런 거창한 것보다
놀아지니
저절로 있어진다
(이게 순전히 착각일지라도
착각이면 또 어떠리)

남쪽에서 놀다 · 11
— 이 밤에 겨우 알았다
우주가 사람 하나의 눈길을 갈망한다는 사실을!

외롭고 누추해야

하늘을 올려다보는구나

별들의 목소리 쩌렁쩌렁하구나

내가 피운 불 속에 갇혀

내 살 따뜻할 때

나는 눈멀어 있었구나

내가 눈멀어

나를 덮고 잠들어 있을 때

별들은 외로웠구나

우주 전체가 외로웠구나

남쪽에서 놀다 · 12

그 꿈들은?
가야의 흙으로 지은 집
마당 낡은 평상에 누워
풀벌레 울음만큼 떠 있던 별
덮고 꾸던
그 꿈들은?
가난한 모기장에 가만히 붙어
어린 잠 속을 들여다보던 메뚜기
천진한 눈망울에 담겨
젖은 풀밭 세상모르고 뛰어다니던
그 꿈들은?

푸른 문장이여

적조의 바다를 헤매다 보니
소나무 울창한 섬도 만나는구나

젊었던 시절의 일기장에 갇혀
썩어 가는 시간 위에 떠 있는
푸른 문장이여

무용총 수렵도 한껏 당겨진 활
시위에 얹혀 있는 눈 부릅뜬 살 같은
산의 허리도 끊어 버리는
구름의 칼집에 꽂힌 칼 같은
대륙을 후려치는
백두산 호랑이 앞발 같은
그런 생을 꿈꾸는 불을 담은 눈물이
어느 잠 못 드는 밤 어둠에 새겨 놓은
한 편의 별자리여

눅눅한 마음 지층에 오래 묻혀 있던

금강석 몇 송이
젖은 눈을 뜨는구나

아침 숲에서

바람에 섞여 온 고라니 냄새 때문일까
파헤쳐진 흙
붉은 속살에 또렷한 멧돼지 발자국 때문일까
부스럭거리는 꿩들의 잠꼬대 때문일까
진돗개가 숲 속으로 뛰어들고 싶어 환장을 한다
일순, 숲이 긴장한다
(새벽마다 처녀인 숲이!)

줄이 팽팽해진다
한껏 끌어당겨진 활줄은
꼬리 흔들며 지내 온 개집살이를 통째로 날려 버리고
진돗개를 원시로 돌려보낸다
(눈에 출렁거리는 태초!)

돌아보면
이른 아침 입 꼭 잠근 나팔꽃 자루가
경이로 배불렀던 시절
내게도 팽팽한 줄이 있었다

끌어당기면
눅눅한 허공에 무지개를 솟아오르게 하던
마음 얹으면
마음 없는 곳으로 떨어뜨려 주던
팽팽한 사랑이
내게도 있었다

삼월

겨울잠에서 막 깨어난 흙냄새
맡으러 성큼성큼 걸어 내려오는 하늘
묵은 이끼 입고 드러누운 바위
쪼개고 솟아오르는 불꽃
첫 진달래

겨울 내내
구구 비둘기처럼 앓아온 영혼아
일어서라
수평의 목소리로!

다시 태초로

산을 허물어야 한다
이고 받들어야 할 하늘은
온 데도
간 데도 없고
더 치솟는 것만이
제 하늘이 되어 버린 산
정수리에 묵직한 바위로
눌러앉은 욕망이
풍화에 저항하는
산을 허물어야 한다
허물어져
다시 흙으로 돌아가야 한다
형상도
길도 없는
눈먼 황토
피보다 싱싱한 혼돈으로
돌아가야 한다
다시
태초로 돌아가야 한다

아침 새소리

부슬비 내리는
아침, 새소리
물에 젖지 않는 기름처럼
비에 젖지 않는
아침 새소리
뭐더라
자전거를 손가락에 걸리게 하는
무게의 오장육부 모두 빼 버린
그 금속보다 가벼운
아침 새소리
세상에 젖지 않는다
세상을 쪼지도 않는다
나그네의 노래
나그네의 발걸음
아침 새소리

풍경 · 1

중복中伏, 도수 높은 불에 취해
대지가 비틀거린다
매미 소리가 끓는다
무화과나무 이파리에 고여 있는
남쪽 바다를 퍼 나르던
바람은
기진하여 쓰러진다
이 굿판 저 춤판 떠돌던 역마살
무당벌레는
게이샤처럼 화장한 치자꽃
짙은 사연에 묶여
날개를 접는다
한 점 정물이 된다
캥거루처럼 새끼를 품에 안고
불볕 이고 선 모성
박수근의 화첩에서 잠시 외출한 모성
옥수숫대 속에는
설탕이 고인다

설악산 천불동 단풍으로 끓어야

곧추선 사람
제발 비틀거리세요
비틀거리는 사람
아예 쓰러지세요
쓰러진 사람
세상모르고 주무세요

시퍼렇게 깨어 있는 사랑도 있나요?

취기 올라 비틀거려야
겨우 하는 사랑이지
비틀거리다 쓰러져야
제법 하는 사랑이지
아주 취해
마음 뿌리까지 단풍 들어야
설악산 천불동 단풍으로 끓어야
푹 하는 사랑이지

풍경 · 2

이른 가을볕

잘 익은 무화과
배를 가르고 터져 나오는
붉은 꽃

이른 가을볕

배롱나무
삭발한 뼈
그러나
떠나지 않는 피 구름

이른 가을볕

코스모스
한恨 없는 색깔을
걸치고 가는
산들바람

태풍 · 1

대취한 바람

아름드리 은행나무를 뿌리째 뽑는
우악스런 손아귀
옛날 옛적 임금을 잉태했던 알처럼 배부른 달을
순식간에 삼켜 버리는 검은 구름
외딴섬 밤하늘의 별보다 더 총총한 풀벌레 소리가
부화시킨 아이들 꿈나라를
짓밟고 가는 빗방울
신우대 같은 빗줄기

질풍이여 노도여
살의 근심도
소시민의 불면도
쓸고 가거라

도취한 사랑만을
네 뒤에 남겨 두고

새해에는

새해에는
술잔 대신 찻잔을 들자

진창 뒹굴어야 하는 가죽 그릇에 갇혀 살아도
호수 담은 산정山頂 같은 질그릇 하나
가슴에 품자

시퍼렇게 눈 뜬 기억들 이미 썩어 흙이 된 것들
한데 비벼 먼 섬 머리 위에
저녁노을로 잠시 얹어 두었다가
영원히 삼켜 버리는 시간 앞에서
인생은
한 방울 이슬

선비의 칼로 그은 난초도 싫어라
거상의 정원을 닮은 오동 이파리도 싫어라

터 잡을 곳은 이름 없는 풀잎
깨끗한 풀잎 하나 골라 보자

그리운 바보들

바보 같은 사람?
바보니까 사랑을 하지
어리숭한 사랑?
어리숭하니까 사랑이지

똑똑한 사랑은
똑똑 두는 바둑
똑똑 부러지는
마른 가지

눈물 사라진 세상은
빈 모래밭
웃는 꽃도
우는 새도
집을 짓지 않는
빈 모래밭

그리운

바보들

구멍 숭숭 뚫린 오두막 같은
그 어눌함
성자의 남루襤樓 같은
그 천진함
세상의 숨구멍인
그 느림

소유하고 싶어라

어른 키만 한 반송盤松을
훌쩍 뛰어넘는 야생의 노루
그
가벼운 도약을!

벌목꾼들 머리털에
싸락눈같이 얹혀 있는
잡목의 속살 부스러기들
그
짙은 향기를!

늦은 여름
북상하는 태풍에 떨어진 무화과
흘러내리는 붉은 체취에
들러붙은 검은 나비 한 마리

머리
가슴

큰 날개

모두 잊어버린

그

황홀한 도취를!

그대 지금 사랑하고 있는가?

그대 지금 춤추고 있는가?

귀뺨 후려치는 바람 중년의 갈매기들조차
큰 숨 들이쉬고 내려야 하는 시퍼런 파도
파도를 타고 춤추는 발동선은 묻는다

그대 서 있는 자리에서 춤추고 있는가?

사포에 닦인 먼 바다에는
거리距離가 낳은 안개로 성기와 발톱을 가린 섬들
구름 가운데 신선 두엇 심어 두고
소년의 가슴에 동경을 산란하는 저 섬들에
오래 묶여 있던 사람아

그대 지금 사랑하고 있는가?

세파에 깎여 연지 곤지 모두 지워진 인생
해송 껍질 같은 인생의 민낯

어른의 손으로 어루만지며

그대 서 있는 자리에서 사랑하고 있는가?

그 아침들이 돌아왔다

그 아침들이 돌아왔다!

어릴 적 뒷산 참나무 숲에서 부화해
구멍 숭숭 창호지 건너오던
그 아침들이 돌아왔다!

거리를 떠돌던 젊은 날
밤, 늘 무쇠 덩어리로 만선이었던 그 시절
그 아침들은 집을 잃고 훌쩍 떠났다가
힘 빠지는 만큼 돌아보아야 할 주변 죽순처럼 돌아나는
귀갑龜甲의 시절 마흔
세상도 자신도 시들해진다는 마흔
내 나이 벌써 지났는데
무슨 까닭도 없이 온다는 기별도 없이
그 아침들이 돌아왔다!

어릴 적 그 아침들이

제비처럼 떠났던 그 아침들이
어느새 처마 밑에 둥지를 치고 앉아 있다
살림살이는 여전히 터널 속인데
나는 착한 흥부도 아닌데

자화상

걸신들린
망망대해 앞에서
병아리 같은 온기 단숨에 삼켜 버리는
비정한 밤
밑도 끝도 눈물도 없는
어둠 앞에서

흙에 묻혀 흙이 되는 살을 입고

사랑의 쇠구슬
미움의 쇠구슬
욕심의 쇠구슬
위장에 가득 넣고

영원처럼 돌아다닌다

동백꽃

바람의 태胎 속에서 피어나

바람과 열애하고

바람에 꺼지는

불잉걸

시차가 없다

겨울 지면
산수유
매화
목련
순으로 피더니
올봄에는
산수유 매화 목련이 한꺼번에 핀다
봄이 한꺼번에 피고
한꺼번에 진다는 뜻이리라

어찌 봄만 그러랴
의리와 배신이 동시에 핀다
사랑과 이별이 동시에 핀다
수줍음과 벌거벗음이 동시에 핀다
젊음과 늙음도 동시에 핀다
(애늙은이들이 얼마나 많은지!)

시차時差가 없다

시의

차

그 잔에 고이는

뜨거움

애틋함

그리움

싱싱함……

결국 져야 할 꽃일지라도

사람의 것들을 아름답고 아쉽게 만드는

그 눈물 어린 것들이

이제는 없다

그리운 것은

그리운 것은
온기 한 줌

어릴 적 보리 바다
잔물결 속 작은 새의 둥지에 묻어 있던
그 온기 한 줌

소유하고 싶은 것은
마음 하나

만신창이들도
떠돌이들도
그냥 들어와 한숨 자고 갈 수 있는
마음 하나

대문도 울타리도
주인도 없는
그런 마음 하나

시골길

아, 시골길이여
내 무한 낙천의 원천이여!

태풍 · 2

컴컴한 수컷 구름장 노령의 산을 집어삼킨다
바람에 취해 언성 높이던 파도는 어느새 인사불성
중원을 삼키고 변방으로 밀려오는 오랑캐
초식草食의 삶 쥐어짠 노역으로 쌓은 성들을 짓밟는 말발굽
새벽마다 포구 기슭에 켜 놓는 촛불
아낙의 가련한 꿈을 익사시킨다
부질없구나, 인간이 쌓는 돌탑들이여

바람은 또 어떤가
벚꽃 간질이던 내시 바람은 유배 떠나고
아름드리 육송의 허리를 꺾는 망나니 도끼
임꺽정의 목청
우산의 뼈들이 꺾인다
허연 살 가리고 숨기는 것들의 허약함이여
드러난 살 바람에 떠밀리고
떠밀리는 살에 끌려다니는 마음 가련하구나

가련하구나, 저기 울타리 촘촘한 사람의 집들
　가득한 눅눅한 물과 핏기 없는 불
　화면에서 흘러나오는 서푼짜리 비극에 흐느끼는 여
인들
　그 여인들에게 구애하는 불알 없는 사내들

　쓸고 가거라, 고삐 풀린 바람이여 파도여

물들인다, 코발트블루
— 전혁림 화백 2005년 작 〈한려수도〉에 부쳐

산이 물든다
장성한 나무들의 사유가 흘러가다
흘러가다 닿는 거기에서
산은 바다가 된다

여백이 물든다
색色을 낳고
색을 거두어 가는 무한이
색에 물든다

물과 흙의 경계가 지워진다
삶과 죽음의 경계가 지워진다

그가 물든다
의식의 지층 아래 망망대해는
가없는 무심!

마음의 파도는 가라앉고
피가 누리는 순간은
춤이 된다
영원을 걸친 고요한 불이 된다

작품 해설

싱싱한 혼돈, 태초를 향한 힘찬 발걸음

송기한

(문학평론가)

1993년 박사논문을 준비하던 무렵 하숙집에 어떤 학생이 찾아왔다. 그는 이제 막 시인으로 데뷔한 법학을 전공한 학생이었다. 그는 이성보다는 감성이, 법보다는 문학이 좋다고 하면서 문학의 길을 올곧게 가고 싶다고 했다. 나는 법학을 전공하면서도 문학을 할 수 있으니, 우선 전공 공부를 충실히 할 것을 권장했으나 그는 고개를 가로저었다. 세상은 순수가 압도할 정도로 녹녹한 사회가 아님을 잘 알고 있기에, 그 순수를 뛰어넘을 세속적 의지 또한 의미 있는 것이 아닐까. 그런데 시를 향한 그의 마음은 확고해 보였기에 나는 그의 마음을 돌리지 않기로 했다. 그 이후 그와의 만남은 더 이상 이루어지지 못했다. 그런데 오랜 기억의 저편 속에서 그는 다시 내 앞에 가면을 쓰고 나타났다. 첫 시집 『통영』이 바로 그것이다. 그의 첫 시집은 등단한 시기치고 꽤 늦은 것이었는데, 나는 이 간극을 시에 대한 방황쯤으로 이해하고 싶었다. 현실로 나아가고자 하는 욕망과 이를 붙들어 매고자 하는 욕망 속에서 그가 정주해야 할 공간에 대한 고민의 흔적을 이 시집 속에서 읽어 낼 수 있었기 때문이다. 그는 그 시간의 공백과 헤맴의 끝자락에서 고향 통영을 발견해 냈다. 따라서 그에게 이곳은 생물학적 고향이라기보다 문학의 고향에 가까운 것이었다. 그는 그곳에서 문학의 길, 인생의 길을 새롭게 시작하고자 했다. 그 오랜 방황과 출발의 기로에 놓인 것이 『통영』이었던 것이다.

2013년 첫 시집 『통영』을 출간한 이후 그는 두 번째 시집 『새벽시장』을 상재했다. 인간의 실존적인 삶에 주의를 기울이고 있다는 점에서 『새벽시장』은 첫 시집과 크게 달라 보이지 않지만 현실에 대한 인식은 훨씬 앞서 나아가고 있다. 일상적 현실에서 고투하고 있는 인간의 삶을 더욱 구체적으로 그리고 있다는 점이 『통영』과 차질되는 것이라 하겠다. 마음의 고향이자 시의 고향인 '통영'에서 그는 현실에 대한 부화를 새롭게 시작하고 있는 것이다.

이 시집은 1부 '이 땅의 아버지들'과 2부 '남쪽에서 놀다', 총 2부로 구성되어 있다. 1부에서는 '아버지'를 표상으로 각박한 현실과 그 현실을 "살아 내야 하는"(「이 땅의 아버지들

5」) 다양하면서도 어딘지 닮아 있는 여러 군상들을 그리고 있다면 2부에서는 자연 속에서 체득한 삶에 대한 통찰과 예지를 발현하고 있다.

1. 이 땅의 아버지들

>   살맛 나는 세월은
>   어디쯤에 있을까
>   그럭저럭 살 만한 세월은
>   또 어디쯤에 있을까
>   살아 내야 하는 세월을 등에 지고
>   홍해를 갈라 줄 복권
>   주머니에 접어 넣고
>   낙타처럼 걸어가는
>   애굽 땅
>
>   —「이 땅의 아버지들·5」전문

먼저 시인이 '이 땅'을 '애굽'으로 인식하고 있음을 눈여겨볼 만하다. 애굽은 잘 알려진 바와 같이 이스라엘 민족이 노예로 살다가 모세의 인도로 탈출하게 된 땅이다. 그러므로 '이 땅'을 '애굽'에 비유하고 있다는 것은 시인이 현실을 그만큼 척박하게 느끼고 있다는 의미가 된다. "살맛 나는 세월"까지는 아니더라도 "그럭저럭 살 만한 세월"조차도 요원하게 느껴지는 것이 현실이다. "살아 내야 하는 세월을 등에 지고,

낙타처럼 걸어가는" 것이 우리네 '아버지'들의 삶인 것이다.
  이러한 삶의 기저에는 모든 것이 교환가치로 환원되는 자본주의적 삶이 자리하고 있다. 시인이 현대인의 표상을 굳이 '아버지'로 상정한 것도 이와 무관하지 않은 일로 보인다. '아버지'란 물론 한 가정의 정신적인 주축이 되는 존재인 것도 사실이지만 무엇보다도 부양이라는 경제적인 책임을 지고 있는 상징적인 존재가 바로 '아버지'이기 때문이다.
  이 시집에서 근대의 제반 모순이라든지 자본주의적 사회구조에 대한 날 선 비판이 드러나고 있는 것은 아니지만 '이 땅의 아버지들'의 모습을 통해 시인은 이러한 사회가 발전함에 따라 우리가 잃어버리게 되는 것들, 우리의 삶에서 사라져 가는 것들이 무엇인지를 여실히 보여 주고 있다.

　　가난만 한 체가 어디 있으랴

　　소란스럽던 전화벨 소리
　　소리도 없이 걸러진다
　　눈치 빠른 사기꾼들은 스스로 걸러지고
　　눈치 없는 친구들은 머뭇거리다 걸러진다
　　사랑?
　　웬만한 사랑은 체의 구멍보다 날씬하고
　　장담하던 혈연도 돌아보면 없다
　　외상 술집 주모의 미소마저 걸러지면
　　인생의 즙은 모두 걸러지고

몇 톨의 자갈만 남는다

아이들의 식욕에 대한 근심과
늘어 가는 아내의 흰머리에 대한 아쉬움
밀어내지 않는 산그늘에 대한 고마움과
미련하디미련한 벗들의 따뜻함

몇 톨의 한숨만 남는다
—「이 땅의 아버지들·9」 전문

    게오르크 지멜Georg Simmel에 따르면 오늘날 돈의 존재는 인간의 객관적인 경제행위가 개인적 색채 및 고유한 자아로부터 더욱더 명확하게 분리될 수 있도록 만든다. 이는 인간의 관계 설정에도 연관되는 것으로 결국 인간의 모든 외적 관계에 있어 개별적이고 특수한 자아, 고유한 자아는 내면적인 차원으로 회귀하게 되고 객관적이고 계층적인 자아가 그 자리를 대신하게 되는 것을 의미한다.
    자본주의는 철저하게 교환의 법칙으로 구동되는 사회다. 이 객관적이고 계층적인 자아와 모든 대상과의 관계 또한 교환 법칙의 체계에서 예외적인 것이 될 수 없다. 자본주의가 발달할수록 개인들이 파편화되고 사회적 유대가 무너지는 것은 이러한 맥락에서다. 자본주의사회에서 파편화된 개인은 자본의 권력 앞에 외롭고 취약한, 그리고 이러한 모든 것을 자신의 책임의 무게로 짊어져야 하는 개체일 수밖에 없다. 이중도 시의 '이 땅의 아버지들'이 바로 그러한 존재들인 것이다.

한편 우리가 사는 세계에는 결코 돈으로 따질 수 없는 것들이 있다. 돈으로 따져서는 안 되는 것들이 있다. 진정한 '관계 맺음' 또한 여기에 해당될 터이다. 그러나 이 돈으로 따질 수도 따져서도 안 되는 가치들은 자본주의적 가치 체계에서 벗어나는 것들, 상충되는 것들이라 할 수 있다. 이를 방증이라도 하듯 자본주의사회에서 이러한 가치들은 돈의 위력 앞에 너무도 무력하기만 하다. 위 시에서 드러난 바와 같이 사랑과 신뢰를 바탕으로 형성되었다고 믿어 온 관계들이 돈에 의해 쉽게 변질되거나 무의미해지는 경우를 우리는 쉽게 접할 수 있기 때문이다.

이것이 바로 오늘날 돈의 위력을 보여 주는 단적인 예다. 인간에게 경제활동의 단순한 매개체에 불과했던 화폐의 가치는 자본주의사회에서 전복되었다. 언제부터인가 돈은 수단이 아니라 목적이 되었으며, 인간의 내·외면적 삶을 실질적으로 지배한다는 점에서는 가히 신의 위치에 자리하고 있다고 해도 그리 틀린 말은 아닐 것이다.

이러한 현실이기에 '가난'이라는 '체'에 걸러 보면 진실이라는 것은 대번에 판명되고 경제적 가치를 뛰어넘는 진실은 찾아보기 힘들다는 것이 시인의 판단이다. 지난한 삶을 그나마 지탱하게 해 주는, "인생의 즙"이라 여겨 왔던 '친구'나 '사랑', 피를 나눈 '혈연'마저도 '가난'이라는 '체'에 남아 있지는 못했던 것이다. 변함없이 남아 있는 것이라고는 일상의 소소한 근심과 아쉬움, 있는 그대로 품어 주는 자연과 "미련하디미련한 벗들"뿐이다.

바다가 오른손으로 키운 동무야
서울말 쓰는 마누라 긴 손가락으로 매어 주는
물 건너온 넥타이에 묶여 사는 공처가 놈아
잘 있느냐?

바다가 왼손으로 키운 동무야
하루 종일 차 밑에서 뒹구는
네 마음에 묻은 기름때마저 깨끗이 빨아 준다던
물 건너온 마누라 물 건너온 미소는
아직 물 건너가지 않았느냐?

바다가 팔꿈치로 키운 못난 자식은 바다에 남아
손톱이 독수리 발톱이 다 되었다
갈라지는 손등이 싫어 새끼 두고 떠난 여자
떠나지 않는 살냄새 붙들고
과부가 따라 주는 바닥없는 소주잔에 처박히는 세월뿐
잡아챌 것 아무것도 없는 인생인데 말이다

추석이 코앞이구나
일식과 안주 없는 소주만큼 멀리 떨어져 오래 못 만난 동무들아
한번 모이자
보름달보다 넉넉한 멍석 위에
한번 모이자
우리들 모두 몰래 사랑했던 덕순이 종아리처럼 허연 막걸리
철철 넘치게 따라 보자
흩어져 제 옷 입기 전 우리들 모두 벌거숭이였던 그 시

절로
　돌아가 보자
　바다의 품에서 젖 먹던 그 시절로
　돌아가 보자
　　　　　　—「이 땅의 아버지들·6」 전문

  흔히 돈으로 안 되는 일이 없다고들 한다. 이젠 개천에서 용 나는 일은 불가능하다고도 한다. 자본주의사회가 발달함에 따라 삶의 질에 관련된 대부분의 조건들은 자본에 의해 결정됨을 이르는 말들일 터이다. 위 시에서도 이러한 현상을 여실히 드러내고 있다. "바다가 오른손으로 키운 동무"는 소위 화이트칼라로 "서울말 쓰는 마누라"에 "물 건너온 넥타이"를 매고 산다. "바다가 왼손으로 키운 동무"는 "하루 종일 차 밑에서 뒹구는" 블루칼라로, 우리보다 못사는 나라에서 "물 건너온 마누라"와 산다. 그나마 이들은 바닷가 고향을 떠나 도시에서 사는 부류다. 고향에 남아 있는 화자는 "바다가 팔꿈치로 키운 못난 자식"으로 고생에 지친 '마누라'가 '새끼'까지 두고 떠나 버린 것이 그의 현실이다.

  이처럼 자본은 사는 지역과 교육, 직업, 배우자 등 이 사회에서 살아가는 데 필요한 모든 조건에 직간접적으로 연결되어 있다. 또한 이 연결 고리는 폐쇄적이고 순환적인 것이어서 이미 선험적으로 주어진 환경적·경제적 조건을 벗어나기란 그야말로 개천에서 용 나는 일만큼이나 어려운 일인 것이다. 한 고향에서 났지만 그 삶의 질에 있어 '일식'과 '안주 없는 소주' 만큼 큰 간격을 보이는 것은 결국 '오른손으로 키우고 왼손으로 키우고 팔꿈치로 키운 차이', 즉 부모로부터 이어져 내려온 포괄적 의미의 환경의 차이였던 것처럼 말이다.

화자는 흩어져 있는 동무들에게 모이기를 주문한다. 흩어져 있다는 것이 단순히 공간적인 차원을 의미하는 것이 아님은 물론이다. 화이트칼라니 블루칼라니, 수도권이니 지방이니 하는 계층적인 중심과 주변의 경계를 허물어 보자는 것이다. '동무'의 관계란 계층의 '옷'을 벗어 놓고 "모두 벌거숭이였던" 유년의 자아, 고유한 자아로 회귀할 때만이 가능해지는 것이기 때문이다. "제 옷 입기 전"의 '우리들'이 모두 몰래 사랑했던 대상은 "서울말 쓰는 마누라"도 아니고 "물 건너온 마누라"도 아닌 계층과는 상관없는 '덕순이'였다는 것도 이러한 맥락에서 이해해 볼 수 있는 것이다.

이중도의 시에서는 이처럼 자본주의사회의 모순이 자주 노출되고 있다는 특징이 있는데 그 가운데서도 시인이 주로 초점을 맞추고 있는 것은 인간과 인간, 인간과 대상과의 관계성에 대해서이다.

> 저수지를 퍼마셨다
> 이유는 없었다
> 모태에서부터 술꾼인 양
> 그냥 퍼마셨다
> 이 할은 배 속에 들이부었고
> 팔 할은 가슴에 뚫린 구멍
> 허무의 무저갱無底坑 속에 들이부었다

참 많이도 들이부었다
—「이 땅의 아버지들·4」 부분

'이 땅의 아버지들'은 '독한 하루를 희석시키기' 위해 "저녁마다 소주를 마"셔야 하는 존재다. 이렇게라도 하지 않으면 "몸 전체가 간肝이라도 못 버틸 것 같"은 하루하루가 '이 땅의 아버지들'의 삶인 것이다(「이 땅의 아버지들·11」). "모태에서부터 술꾼인 양" 퍼마시는 것은 "가슴에 뚫린 구멍/ 허무의 무저갱無底坑"을 메워 보고자 하는 마음에서다. '무저갱'이란 영원히 헤어날 수도, 메울 수도 없는 구렁텅이라는 점에서 "가슴에 뚫린 구멍", 이 "허무의 무저갱"이 단순히 핍진한 현실에서 비롯되는 것이 아님을, 더 근원적인 것에 연관되어 있음을 간취할 수 있다.

결국 시인이 체감하고 있는 현실의 척박함이란 경제적인 곤궁함이라든지 담보되지 않는 미래도 원인은 될 수 있겠지만 그것만이 다가 아니었던 셈이다. 오히려 경제적 가치의 위계질서를 초월하는 것들, 우리가 잃어버린 어떤 것들, 그러한 세계에 시인의 시선은 가닿아 있었던 것이다. 그의 시에서 이 세계는 고향(「이 땅의 아버지들·6」)으로 표상되기도 하고, 흙, 바다, 숲 등속의 자연으로 표상되기도 하며, 나아가 태초의 원시세계로 발현되기도 한다.

2. 남쪽에서 놀다

1부에서 '이 땅의 아버지들'을 표상으로 도구화된 인간, 자본주의적 위계질서에 편입된 인간으로서 진정한 관계 맺음을 상실하고 있음을 보여 주고 있다면 2부에서는 이러한 상실 이전의 세계를 구현하고 있다. 이 세계의 표상이 바로 '남쪽'이다. 이중도의 시에서 '남쪽'은 중층적인 의미를 담지하고 있는 시어다. 현실 층위에서는 '수도'와 대척되는 의미의 고향을, 초월적 층위에서는 태초의 원시세계를 표상하고 있으며 포괄적인 의미망에서는 자연을 표상하는 것으로 볼 수도 있기 때문이다.

> 수도에 살 때는
> 놀아 보려고 악을 썼다
> 남쪽에 사니
> 저절로 놀아진다
>
> 산이 커다란 잔이다
> 요즘 내 혈관 속에는
> 팔 할이 수액이다
> 바다가 무변無邊한 잔이다
> 취하다 보면
> 가끔
> 내가 없어진다
> 너도 없어진다
> 동백 잔은

들기만 해도
마음이 숯불이 된다

놀아지니
있어진다
소유냐 존재냐
그런 거창한 것보다
놀아지니
저절로 있어진다
(이게 순전히 착각일지라도
착각이면 또 어떠리)
—「남쪽에서 놀다·10」 전문

위 시에서 '남쪽'은 좁은 의미로는 '수도'와 대척되는 '고향'으로, 확장된 의미로는 자연으로 보아도 무방하다. 대도시에서의 삶이란 익명성과 군집성을 그 특성으로 한다. 타자와의 관계에 있어, 비도시와 비교할 때 공간적으로는 밀집도가 높지만 오히려 더 먼 심리적 거리를 내재하게 되는 것은 이러한 특성에서 기인하는 것이다. 대도시에서 타자에 대한 판단이란 그야말로 입고 있는 '옷', 즉 교육이나 소득수준, 살고 있는 지역, 소비 양태 등등의 지표에 따라 구획된 계층적 지위가 결정적 근거로 작용하게 된다.

또 한편 자본주의적 사회, 그중에서도 특히 대도시에서의 삶에는 현재란 없다. 현재는 미래를 위해 담보되어 있는 상태라 할 수 있으며 늘 유보되어야 하는 어떤 것이다. 따라서 현재의 쉼 또한 고유한 자아로서의 온전한 쉼이 될 수 없다. 현대

사회에서 '논다', '쉰다'는 것은 가장 기피하는 단어에 해당되며 정도에 따라서는 죄로 인식되기 때문이다.

위 시에서 '논다'라는 의미나 '수도'라는 공간성 또한 이러한 맥락에서 이해되는 의미들이다. '수도'에서는 '노는' 것 또한 "악을 써"야만 가능한 것이 된다. 내일의 생산 활동을 위한 대기 상태랄까 혹은 불안한 기다림이 아닌 감성과 환경이 조응하는 진정한 '놀기'란 도시에서는 "악을 써"야만 획득된다는 의미이다. 그러나 '남쪽'에서는 다르다. '남쪽'에서는 노력하지 않아도 "저절로 놀아지"며 여기에서 '논다'는 것은 "내가 없어"지고 "너도 없어"지는, 즉 자아와 세계가 동일화를 이루는 경지에까지 이르는 것을 의미하고 있다.

주목할 만한 것은 "놀아지니 있어진다"는 대목이다. "소유냐 존재냐/ 그런 거창한 것"을 말하는 것이 아니라고 하지만 여기에는 어떻게 살 것인가 하는 시인의 존재론적인 사유가 내포되어 있다. '수도'에서의 삶이란 '소유'와 '소비'의 메커니즘으로 설명할 수도 있다. 이러한 메커니즘에서 존재는 도구화되고 대상화될 뿐 고유하고 개별적인 자아로 존재할 수 없게 된다. 그런데 '남쪽'은 "저절로 놀아지"는 곳이다. "저절로 놀아지는" 과정은 존재가 획일적인 객체에서 고유한 자아로 회귀하는 과정이며 고유한 자아와 자아가 동일화를 이루는 것에 다름 아니다. "놀아지니 저절로 있어진다"라는 언표의 의미는 이러한 맥락에서 간취되는 것이다.

아, 바람 한잔!

겹겹의 섬에 걸러진
청주淸酒 한잔!

취한 마음 흘러간다
꿩 새끼 한 마리 발 딛지 않은
눈밭으로
말[言] 발자국 하나 없는
선사先史로
흰 돛 달고 흘러간다

아, 저기 사라지는 마음도 있다
—「남쪽에서 놀다 · 5」 전문

인용 시는 자아가 의식의 소멸을 통해 궁극적으로 자연의 일부가 되는 과정을 이미지화 하고 있다. 이러한 과정이 구현되는 신비스러운 세계가 바로 '남쪽'이다. 화자는 "바람 한 잔", "청주淸酒 한잔"에 마음이 취한다. 취한다는 것은 의식과 무의식의 경계가 무화되는 것이고 이성적 판단을 유보하는 경지다. 의식이 망각된 "취한 마음"이 흘러간 곳은 매우 순수하면서도 신비스러운 세계다. 이 세계가 공간적으로는 "꿩 새끼 한 마리 발 딛지 않은/ 눈밭"으로, 시간적으로는 '말[言]'의 흔적조차 없는 '선사先史'로 표상되고 있기 때문이다. 미물의 흔적조차 없는 역사 이전의 시기란 태초를 이르는 것이며 이 세계를 향해 "흰 돛 달고 흘러간다"는 것은 결국 의식의 소멸, 혹은 의식과 비의식의 분리조차 없었던 절대 순수에로 나아가는 과정이라 할 수 있는 것이다. 이 세계로 들어서면 궁극에는 태초에로 이끄는 매개였던 "취한 마음"까지도 사라지고 자아는 완전하게 자연 그 자체가 되기에 이른다.

> 산을 허물어야 한다
> 이고 받들어야 할 하늘은
> 온 데도
> 간 데도 없고
> 더 치솟는 것만이
> 제 하늘이 되어 버린 산
> 정수리에 묵직한 바위로
> 눌러앉은 욕망이
> 풍화에 저항하는
> 산을 허물어야 한다
> 허물어져
> 다시 흙으로 돌아가야 한다
> 형상도
> 길도 없는
> 눈먼 황토
> 피보다 싱싱한 혼돈으로
> 돌아가야 한다
> 다시
> 태초로 돌아가야 한다
>
> ―「다시 태초로」 전문

인용한 시는 '태초'가 보다 구체적으로 형상화되어 있고,

제목에서도 드러나는바 태초로 회귀하고자 하는 주제의식 또한 명징하게 표출되어 있는 작품이다. 위 시에서는 독특하게도 자연물의 하나인 '산'이 인간의 욕망의 세계를 구현하고 있다. 이러한 상상력은 산이 함의하고 있는 축적성, 수직적 상승성 등을 기반으로 발현된 것으로 보인다.

이 시에서 '산'에 대척되는 세계는 '하늘'이다. '하늘'은 "이고 받들어야 할" 절대의 무엇이자, 인간이 끝까지 포기해서는 안 되는 마지막 보루라 할 수 있다. '태초'에 이 '하늘'은 땅과 까마득한 거리를 상정하고 있었다. 그러나 인간의 욕망은 점점 '치솟아' '하늘'까지 잠식해 들어가려 한다. 이제 인간에게 "이고 받들어야" 하는 것은 더 이상 '하늘'이 아니라 "더 치솟는 것" 그 자체가 되어 버렸다. 자연의 순리인 '풍화'에까지도 저항하고 있기에 '산'은 허물어야 할 대상이 된 것이다. '산'은 허물어져 다시 '흙'으로 돌아가야 한다. "형상도 길도 없는 눈먼 황토", 이것이 시인이 상상하는 '태초'다. 아직 아무것도 결정지어지지 않은 가능성의 상태, 질서의 측면에서 보면 '혼돈'이라 할 수 있지만 생성의 가능성은 이 '혼돈'을 "피보다 싱싱한" 그것이게 만드는 역능으로 기능하고 있는 것이다.

그렇다면 위 시에서 인간이 "이고 받들어야 할 하늘"은 무엇일까? 인간이 끝까지 포기해서는 안 되는 그것은 무엇일까? 이를 무엇이라 단선적으로 답하기는 어려울 것이나 시인의 시선이 끊임없이 가닿았던 것에서 그 일말의 단서를 간취해 볼 수 있을 것이다. 시인은 '이 땅의 아버지들'의 모습을 통해 욕망에 의해 구동되는 이 세계의 부조리와 모순을 드러내 보이면서 또 한편으로는 진정한 관계성이랄까, 그 속에서 우리가 상실해 온 것들을 끊임없이 호명해 왔다.

'남쪽'으로 표상되는 대안의 세계, '태초' 또한 동궤에 자리하는 의미다. 이중도의 시세계에서 '남쪽'은 일관되게 현실을 초월하는 이상향의 세계로 상정되고 있지만 결국 시인이 그 태초의 세계를 통해 드러내고 싶었던 것은 우리가 발전을 담보로 포기해 온 것들, 너무 당위적인 것이지만 또 한편으로는 바로 그러한 이유 때문에 쉽게 놓아 버렸던 것들, 이를테면 사랑 같은 것의 토대 위에서 생성되는 지극히 인간적인 것들, 이러한 것이 아닐까. "다시 태초로" 돌아가기를 요청하는 시인은 이렇게 말하는 듯하다.

태초에는 "피보다 싱싱한 혼돈"이 있었다. 그리고 사랑이 있었다.

> 곧추선 사람
> 제발 비틀거리세요
> 비틀거리는 사람
> 아예 쓰러지세요
> 쓰러진 사람
> 세상모르고 주무세요
>
> 시퍼렇게 깨어 있는 사랑도 있나요?
> ―「설악산 천불동 단풍으로 끓어야」 부분

시인 이중도

1970년 경남 통영 출생
서울대학교 법과대학 졸업
1993년 계간 『시와시학』을 통해 문단에 등단
2013년 시집 『통영』 간행
현재 (재) 통영국제음악재단에서 근무

새벽시장

지은이 | 이중도
펴낸이 | 김재돈
펴낸곳 | 도서출판 시와시학
1판1쇄 | 2014년 2월 15일
1판2쇄 | 2014년 12월 1일
출판등록 | 2010년 8월 10일
등록번호 | 제2010-000036호
주소 | 서울 종로구 명륜동1가 42
전화 | 744-0110
FAX | 3672-2674
값 8,000원

ISBN 978-89-94889-67-2 03810

* 저자와의 협의에 의해 인지를 생략합니다.
* 잘못된 책은 바꾸어 드립니다.